Mein Tagebuch

Dieses Tagebuch gehört:

BoD - Books on Demand

Norderstedt 2016

Bibliografische Information durch die Deutsche Nationalbibliothek

Die Deutsche Nationalbibliothek verzeichnet diese Publikation in der Deutschen Nationalbibliografie; detaillierte bibliografische Daten sind im Internet über http://dnb.dnb.de abrufbar.

Herstellung und Verlag: BoD – Books on Demand, Norderstedt

ISBN 978-3741-2-0933-8

Mein Tag...   Datum:

Mein Tag...

Datum:

Mein Tag...

Datum:

Mein Tag...

Datum:

Mein Tag...

Datum:

Mein Tag...

Datum:

Mein Tag...

Datum:

Mein Tag...

Datum:

Mein Tag...

Datum:

Mein Tag...

Datum:

Mein Tag...

Datum:

Mein Tag...

Datum:

Mein Tag...

Datum:

Mein Tag...   Datum:

Mein Tag...

Datum:

Mein Tag...

Datum:

Mein Tag...

Datum:

Mein Tag...

Datum:

Mein Tag...

Datum:

Mein Tag...

Datum:

Mein Tag...

Datum:

Mein Tag...

Datum:

Mein Tag...

Datum:

Mein Tag...

Datum:

Mein Tag...

Datum:

Mein Tag...

Datum:

Mein Tag...

Datum:

Mein Tag...

Datum:

Mein Tag...

Datum:

Mein Tag...   Datum:

Mein Tag...

Datum:

Mein Tag...

Datum:

Mein Tag...

Datum:

Mein Tag...

Datum:

Mein Tag...

Datum:

Mein Tag...

Datum:

Mein Tag...

Datum:

Mein Tag...

Datum:

Mein Tag...

Datum:

Mein Tag...

Datum:

Mein Tag...

Datum:

Mein Tag...

Datum:

Mein Tag...

Datum:

Mein Tag...

Datum:

Mein Tag...

Datum:

Mein Tag...

Datum:

Mein Tag...

Datum:

Mein Tag...

Datum:

Mein Tag...

Datum:

Mein Tag...

Datum:

Mein Tag...

Datum:

Mein Tag...

Datum:

Mein Tag...

Datum:

Mein Tag...

Datum:

Mein Tag...

Datum:

Mein Tag...

Datum:

Mein Tag...

Datum:

Mein Tag...

Datum:

Mein Tag...

Datum:

Mein Tag...

Datum:

Mein Tag...   Datum:

Mein Tag...

Datum:

Mein Tag...

Datum:

Mein Tag...

Datum:

Mein Tag...

Datum:

Mein Tag...

Datum:

Mein Tag...

Datum:

Mein Tag...

Datum:

Mein Tag...

Datum:

Mein Tag...

Datum:

Mein Tag...

Datum:

Mein Tag...

Datum:

Mein Tag...

Datum:

Mein Tag...

Datum:

Mein Tag...   Datum:

Mein Tag...

Datum:

Mein Tag...

Datum:

Mein Tag...

Datum:

Mein Tag...

Datum:

Mein Tag...

Datum:

Mein Tag...

Datum:

Mein Tag...

Datum:

Mein Tag...

Datum:

Mein Tag...

Datum:

Mein Tag...

Datum:

Mein Tag...

Datum:

Mein Tag...

Datum:

Mein Tag...

Datum:

Mein Tag...

Datum:

Mein Tag...

Datum:

Mein Tag...

Datum:

Mein Tag...

Datum:

Mein Tag...

Datum:

Mein Tag...

Datum:

Mein Tag...

Datum:

Mein Tag...

Datum:

Mein Tag...

Datum:

Mein Tag...

Datum:

Mein Tag...

Datum:

Mein Tag...

Datum:

Mein Tag...

Datum:

Mein Tag...

Datum:

Mein Tag...

Datum:

Mein Tag...

Datum:

Mein Tag...

Datum:

Mein Tag...

Datum:

Mein Tag...

Datum:

Mein Tag...

Datum:

Mein Tag...

Datum:

Mein Tag...

Datum:

Mein Tag...

Datum:

Mein Tag...

Datum:

Mein Tag...

Datum:

Mein Tag...

Datum:

Mein Tag...

Datum:

Mein Tag...

Datum:

Mein Tag...

Datum:

Mein Tag...

Datum:

Mein Tag...

Datum:

Mein Tag...

Datum:

Mein Tag...

Datum:

Mein Tag...

Datum:

Mein Tag...

Datum:

Mein Tag...

Datum:

Mein Tag...

Datum:

Mein Tag...

Datum:

Mein Tag...

Datum:

Mein Tag...

Datum:

Mein Tag...

Datum:

Mein Tag...

Datum:

Mein Tag...

Datum:

Mein Tag...

Datum:

Mein Tag...

Datum:

Mein Tag...

Datum:

Mein Tag...

Datum:

Mein Tag...

Datum:

Mein Tag...

Datum:

Mein Tag...

Datum:

Mein Tag...

Datum:

Mein Tag...

Datum:

Mein Tag...   Datum:

Mein Tag...

Datum:

Mein Tag...

Datum:

Mein Tag...

Datum:

Mein Tag...

Datum:

Mein Tag...

Datum:

Mein Tag...

Datum:

Mein Tag...   Datum:

Mein Tag...

Datum:

Mein Tag...

Datum:

Mein Tag...

Datum:

Mein Tag...

Datum:

Mein Tag...

Datum:

Mein Tag...

Datum:

Mein Tag...

Datum:

Mein Tag...

Datum:

Mein Tag...

Datum:

Mein Tag...

Datum:

Mein Tag...

Datum:

Mein Tag...

Datum:

Mein Tag...

Datum:

Mein Tag...

Datum:

Mein Tag...

Datum:

Mein Tag...   Datum:

Mein Tag...   Datum:

Mein Tag...

Datum:

Mein Tag...

Datum:

Mein Tag...

Datum:

Mein Tag...

Datum:

Mein Tag...

Datum:

Mein Tag...

Datum:

Mein Tag...

Datum:

Mein Tag...

Datum:

Mein Tag...

Datum:

Mein Tag...

Datum:

Mein Tag...

Datum:

Mein Tag...

Datum:

Mein Tag...

Datum:

Mein Tag...

Datum:

Mein Tag...   Datum:

Mein Tag...

Datum:

Mein Tag...

Datum:

Mein Tag...

Datum:

Mein Tag...

Datum:

Mein Tag...

Datum:

Mein Tag...   Datum:

Mein Tag...

Datum:

Mein Tag...

Datum:

Mein Tag...

Datum:

Mein Tag...

Datum:

Mein Tag...   Datum:

Mein Tag...

Datum:

Mein Tag...

Datum:

Mein Tag...

Datum:

Mein Tag...

Datum:

Mein Tag...

Datum:

Mein Tag...

Datum:

Mein Tag...

Datum:

Mein Tag...

Datum:

Mein Tag...

Datum:

Mein Tag...

Datum:

Mein Tag...

Datum:

Mein Tag...

Datum:

Mein Tag...

Datum:

Mein Tag...

Datum:

Mein Tag...

Datum:

Mein Tag...

Datum:

Mein Tag...   Datum:

Mein Tag...

Datum:

Mein Tag...

Datum:

Mein Tag...

Datum:

Mein Tag...

Datum:

Mein Tag...

Datum:

Mein Tag... Datum:

Mein Tag...

Datum:

Mein Tag...

Datum:

Mein Tag...

Datum:

Mein Tag...

Datum:

Mein Tag...

Datum:

Mein Tag...

Datum:

Mein Tag...

Datum:

Mein Tag...   Datum:

Mein Tag...

Datum:

Mein Tag...

Datum:

Mein Tag...   Datum:

Mein Tag...

Datum:

Mein Tag...

Datum:

Mein Tag...

Datum:

Mein Tag...

Datum:

Mein Tag...

Datum:

Mein Tag...

Datum:

Mein Tag...

Datum:

Mein Tag...   Datum:

Mein Tag...

Datum:

Mein Tag...

Datum:

Mein Tag...

Datum:

Mein Tag...

Datum:

Mein Tag...

Datum:

Mein Tag...

Datum:

Mein Tag...

Datum:

Mein Tag...

Datum:

Mein Tag...

Datum:

Mein Tag...

Datum:

Mein Tag...

Datum:

Mein Tag...

Datum:

Mein Tag...

Datum:

Mein Tag...

Datum:

Mein Tag...

Datum:

Mein Tag...

Datum:

Mein Tag...

Datum:

Mein Tag...   Datum:

Mein Tag...

Datum:

Mein Tag...

Datum:

Mein Tag...

Datum:

Mein Tag...

Datum:

Mein Tag...

Datum:

Mein Tag...

Datum:

Mein Tag...

Datum:

Mein Tag...   Datum:

Mein Tag...

Datum:

Mein Tag...

Datum:

Mein Tag...

Datum:

Mein Tag...

Datum:

Mein Tag...

Datum:

Mein Tag...

Datum:

Mein Tag...

Datum:

Mein Tag...

Datum:

Mein Tag...

Datum:

Mein Tag...

Datum:

Mein Tag...

Datum:

Mein Tag...

Datum:

Mein Tag...   Datum:

Mein Tag...   Datum:

Mein Tag...   Datum:

Mein Tag...

Datum:

Mein Tag...

Datum:

Mein Tag...   Datum:

Mein Tag...

Datum:

Mein Tag...

Datum:

Mein Tag...

Datum:

Mein Tag...

Datum:

Mein Tag...

Datum:

Mein Tag...   Datum:

Mein Tag...

Datum:

Mein Tag...

Datum:

Mein Tag...

Datum:

Mein Tag...   Datum:

Mein Tag...

Datum:

Mein Tag...

Datum:

Mein Tag...

Datum:

Mein Tag...

Datum:

Mein Tag...

Datum:

Mein Tag...

Datum:

Mein Tag...

Datum:

Mein Tag...

Datum:

Mein Tag...   Datum:

Mein Tag...

Datum:

Mein Tag...

Datum:

Mein Tag...

Datum:

Mein Tag...

Datum:

Mein Tag...

Datum:

Mein Tag...

Datum:

Mein Tag...

Datum:

Mein Tag...   Datum:

Mein Tag...   Datum:

Mein Tag...

Datum:

Mein Tag...   Datum:

Mein Tag...   Datum:

Mein Tag...

Datum:

Mein Tag...

Datum:

Mein Tag...

Datum:

Mein Tag...

Datum:

Mein Tag...

Datum:

Mein Tag...

Datum:

Mein Tag...

Datum:

Mein Tag...

Datum:

Mein Tag...

Datum:

Mein Tag...

Datum:

Mein Tag...

Datum:

Mein Tag...

Datum:

Mein Tag...

Datum:

Mein Tag...

Datum:

Mein Tag...   Datum:

Mein Tag...

Datum:

Mein Tag...   Datum:

Mein Tag...

Datum:

Mein Tag...   Datum:

Mein Tag...

Datum:

Mein Tag...

Datum:

Mein Tag...   Datum:

Mein Tag...

Datum:

Mein Tag...

Datum:

Mein Tag...   Datum:

Mein Tag...

Datum:

Mein Tag...

Datum:

Mein Tag...

Datum:

Mein Tag...

Datum:

Mein Tag...

Datum:

Mein Tag...

Datum:

Mein Tag...

Datum:

Mein Tag...

Datum:

Mein Tag...

Datum:

Mein Tag...

Datum:

Mein Tag...

Datum:

Mein Tag...

Datum:

Mein Tag...

Datum:

Mein Tag...

Datum:

Mein Tag...

Datum:

Mein Tag...   Datum:

Mein Tag...

Datum:

Mein Tag...

Datum:

Mein Tag...

Datum:

Mein Tag...

Datum:

Mein Tag...

Datum:

Mein Tag...

Datum:

Mein Tag...

Datum:

Mein Tag...

Datum:

Mein Tag...

Datum:

Mein Tag...

Datum:

Mein Tag...

Datum:

Mein Tag...

Datum:

Mein Tag...

Datum:

Mein Tag...

Datum:

Mein Tag...

Datum:

Mein Tag...

Datum: